Sur les préparations du chanvre indien, ou Gunjah (Cannabis Indica)

Leurs effets sur le système animal en santé et leur utilité dans le traitement du tétanos et d'autres maladies convulsives

WB O'Shaughnessy

Writat

Cette édition parue en 2023

ISBN : 9789359257532

Publié par
Writat
email : info@writat.com

CHANVRE INDIEN, etc.

Les effets narcotiques du chanvre sont largement connus en Afrique du Sud, en Amérique du Sud, en Turquie, en Égypte, en Asie Mineure, en Inde et dans les territoires adjacents des Malais, des Birmans et des Siamois. Dans tous ces pays, le chanvre est utilisé sous diverses formes, par les dissipés et les dépravés, comme l'agent facile d'une agréable ivresse. Dans la médecine populaire de ces nations, nous le trouvons largement employé pour une multitude d'affections, notamment celles dont les spasmes ou les douleurs névralgiques sont les symptômes dominants. Mais en Europe occidentale, son utilisation, que ce soit comme stimulant ou comme remède, est également inconnue. A l'exception de l'essai, en guise d'amusement, du « hasheesh » égyptien par quelques jeunes Marseillais, et de l'usage clinique du vin de chanvre par Hahnemann, comme le montre un extrait ultérieur, je n'ai pu retrouver aucune trace de l'emploi de cette drogue en Europe.

De nombreuses divergences d'opinion existent sur la question de savoir si le chanvre, si abondant en Europe, même dans les hautes latitudes septentrionales, est identique dans ses caractères spécifiques au chanvre d'Asie Mineure et de l'Inde. Les symptômes extraordinaires produits par cette dernière dépendent d'une sécrétion résineuse dont elle abonde, et qui semble totalement absente chez l'espèce européenne. La ressemblance physique la plus proche, voire l'identité, existe entre les deux plantes ; la différence de climat me semble plus que suffisante pour expliquer l'absence de sécrétion résineuse, et par conséquent le manque de pouvoir narcotique chez les indigènes des pays plus froids.

Dans l'article suivant, je m'efforce d'abord de présenter une vision adéquate de ce qui a été enregistré sur l'histoire ancienne, les usages populaires et l'emploi en médecine de cette substance puissante et précieuse ; Je passe ensuite en revue plusieurs expériences que j'ai instituées sur des animaux, en vue de constater ses effets sur l'organisme sain ; et enfin, je soumets un résumé des détails cliniques du traitement de plusieurs patients affligés d'hydrophobie, de tétanos et d'autres troubles convulsifs, dans lesquels une préparation de chanvre a été employée avec des résultats qui me semblent justifier notre anticipation de son une utilisation plus étendue et impartiale ne constitue pas un ajout négligeable aux ressources du médecin.

Dans le département historique et statistique du sujet, je dois mes remerciements cordiaux pour l'aide la plus précieuse au distingué voyageur le Syed Keramut Ali, Mootawulee du Hooghly Imambarrah , ainsi qu'au Hakim

Mirza Abdul Razes de Téhéran, qui m'ont fourni détails intéressants sur la consommation du chanvre à Candahar, Cabul et dans les pays situés entre l'Indus et Herat. L'expert Moodoosudun Gootu m'a favorisé avec des notes sur les déclarations concernant le chanvre dans les premiers auteurs sanscrits sur la matière médicale ; au célèbre Kamalakantha Vidyalanka , l'expert de la société asiatique, je dois également enregistrer mes remerciements ; M. DaCosta m'a obligeamment fourni de copieuses notes du « Mukzun-ul-Udwieh » et d'autres systèmes persans et hindous de matière médicale. Pour les informations relatives aux variétés de drogue et à sa consommation au Bengale, M. McCann, le surintendant adjoint de la police, mérite mes remerciements ; et enfin, aux médecins nommés dans la suite, je dois beaucoup aux détails cliniques dont ils ont enrichi le sujet.

Caractères Botaniques—Propriétés Chimiques—Production.

Description botanique. — En supposant, avec Lindley et d'autres auteurs éminents, que le *Cannabis sativa* et *l'Indica* sont identiques, nous trouvons que la plante est dioïque , annuelle, d'environ trois pieds de haut, recouverte d'une fine pubescence ; la tige est dressée, ramifiée, vert vif, anguleuse ; feuilles, alternes ou opposées, sur de longs pétioles faibles ; digitées, scabres, à folioles linéaires, lancéolées, fortement dentelées, se rétrécissant en une longue pointe entière et lisse ; stipules subulées ; grappes de fleurs axillaires à bractées subulées ; mâles lâches et tombants, ramifiés et sans feuilles à la base ; les femelles sont dressées, simples et feuillues à la base. Calice duveteux, divisé en cinq parties, imbriqué. Étamines cinq ; anthères grandes et pendantes. Calice recouvert de glandes brunes. Ovaire arrondi avec un ovule pendant et deux longs stigmates glandulaires filiformes ; achenium ovale, une graine.— *Vide Lindley's Flora Medica* , p. 299.

Les fibres des tiges sont longues et extrêmement tenaces, de manière à fournir le meilleur tissu pour les cordages, constituant ainsi le matériau d'une des branches les plus importantes de l'industrie manufacturière européenne.

La graine est simplement albumineuse et huileuse, et est dépourvue de toutes propriétés narcotiques.

chimiques . — Dans certaines saisons et dans les pays chauds, un suc résineux s'écoule et se concrétise sur les feuilles, les tiges grêles et les fleurs ; le mode d'élimination de ce jus sera détaillé ultérieurement. Séparé et en masse, il constitue les *churrus* [1] du Nipal et de l'Hindostan , et à cela, le type ou la base de toutes les préparations à base de chanvre, sont attribuables les pouvoirs de ces drogues.

La résine du chanvre est soluble dans l'alcool et l'éther ; partiellement soluble dans les solutions alcalines, insolubles dans les solutions acides ; lorsqu'il est pur, d'une couleur gris noirâtre ; dur à 90° ; se ramollit à des températures plus élevées et fond facilement ; soluble dans les huiles fixes et dans plusieurs huiles volatiles. Son odeur est parfumée et narcotique ; goût légèrement chaud, amer et âcre.

La plante de chanvre séchée, qui a fleuri et *dont la résine n'a pas été retirée* , est appelée GUNJAH . Il se vend 1s. 6j. à 2s. pour 2 livres. dans les bazars de Calcutta, et donne de l'alcool vingt pour 100 d'extrait résineux, composé de résine (*churrus*) et de matière colorante verte (*chlorophylle*). Distillée avec une grande quantité d'eau ou d'alcool, des traces d'huile essentielle passent et la liqueur distillée dégage la puissante odeur narcotique de la plante. Le *gunjah* est vendu principalement pour être fumé. Les bottes de *gunjah* mesurent environ deux pieds de long et quatre pouces de diamètre et contiennent vingt-quatre plantes. La couleur est vert foncé ; l'odeur est agréablement narcotique ; la plante entière est résineuse et adhésive au toucher.

Les plus grandes feuilles et capsules, sans les tiges, sont appelées « *bang* , *subjee* ou *sidhee* ». Ils sont utilisés pour préparer une boisson enivrante, pour fumer et dans la conserve ou la confiserie appelée *majoon* . *Le Bang* est moins cher que *le Gunjah* et, bien que moins puissant, il est vendu à un prix si bas qu'il est possible d'en acheter pour moins d'un demi-centime de quoi enivrer une personne « expérimentée ».

Selon les notes de M. McCann, le *gunjah* consommé au Bengale provient principalement de Mirzapore et de Ghazeepore et est largement cultivé près de Gwalior et à Tirhoot . Les indigènes coupent la plante lorsqu'elle est en fleur, la laissent sécher pendant trois jours, puis la déposent en bottes pesant en moyenne deux livres chacune, qui sont distribuées aux revendeurs agréés. Les meilleures espèces proviennent de Gwalior et de Bhurtpore , et elle est également cultivée, de bonne qualité, dans quelques jardins autour de Calcutta. A Jessore, m'a-t-on dit, la drogue est produite d'excellente qualité et est cultivée dans une mesure très considérable. Dans l'Inde centrale, dans le territoire de Saugor et au Nipal , *le churrus* est récolté pendant la saison chaude de la manière singulière suivante : des hommes vêtus de robes de cuir courent à travers les champs de chanvre, effleurant la plante avec toute la violence possible ; la résine molle adhère au cuir, puis est grattée et pétrie en boules qui se vendent à partir de 10 s. à 12s. pour 2 livres. Une espèce encore plus fine, le *momeea* ou *churrus de cire* , est récoltée à la main à Nipal et se vend presque le double du prix de l'espèce ordinaire. À Nipal , le Dr. McKinnon m'informe que les vêtements de cuir sont supprimés et que la résine est recueillie sur la peau des coolies nus. En Perse, Mirza Abdul Razes affirme que le *churrus* est préparé en pressant la plante résineuse sur des tissus grossiers, puis en la grattant et en la faisant fondre dans une casserole avec un peu d'eau tiède. Il considère le *churrus* d'Herat comme la meilleure et la plus puissante de toutes les variétés de drogue.

Utilisations populaires.

Les préparations de chanvre sont utilisées aux fins d'intoxication comme suit :

Sidhee , *subjee* et *bang* (synonymes) sont utilisés avec de l'eau comme boisson, qui est ainsi préparée. Environ trois poids de tola, soit 540 grains troy, sont bien lavés à l'eau froide, puis séchés et réduits en poudre, mélangés avec du poivre noir, des graines de concombre et de melon, du sucre, une demi-pinte de lait et une quantité égale d'eau. Ceci est considéré comme suffisant pour intoxiquer une personne habituée. La moitié de la quantité est suffisante pour un novice. Cette composition est principalement utilisée par les mahométans de la classe supérieure.

Une autre recette est la suivante : -

La même quantité de *sidhee* est lavée, séchée et moulue, mélangée avec du poivre noir et un litre d'eau froide ajouté. Cela se boit en une seule fois. C'est la boisson préférée des hindous qui pratiquent ce vice, notamment des Birjobassies et de nombreux soldats Rajpootana .

De l'une ou l'autre de ces boissons l'ivresse s'ensuivra au bout d'une demi-heure. Presque invariablement, l'ivresse est de la forme la plus joyeuse, poussant la personne à chanter et à danser, à manger des aliments avec beaucoup de délectation et à rechercher des jouissances aphrodisiaques. Chez les personnes d'un caractère querelleur , cela provoque, comme on pouvait s'y attendre, une exaspération de leur tendance naturelle. L'ivresse dure environ trois heures, lorsque survient le sommeil. Aucune nausée ou mal d'estomac ne réussit, et les intestins ne sont pas du tout affectés ; le lendemain, il y a de légers vertiges et une grande vascularisation des yeux, mais aucun autre symptôme digne d'être enregistré.

Le Gunjah est utilisé uniquement pour fumer : un poids d'une roupie, 180 grains et un peu de tabac séché sont frottés ensemble dans la paume de la main avec quelques gouttes d'eau. Cela suffit pour trois personnes. On met d'abord un peu de tabac dans la pipe, puis une couche de *gunjah préparée* , puis encore du tabac, et surtout du feu.

Quatre ou cinq personnes participent généralement à ce débat. Le narguilé circule et chaque personne en prend une seule gorgée. L'ivresse s'ensuit presque instantanément ; et d'une gorgée à l'inhabitué, dans la demi-heure ; et après quatre ou cinq inspirations à ceux qui sont plus exercés au vice. Les effets diffèrent de ceux provoqués par le *sidhee* . La lourdeur, la paresse et les rêveries agréables s'ensuivent, mais la personne peut être facilement réveillée et est capable de s'acquitter des occupations courantes, telles que tirer la punkah, servir à table, etc.

Le *majoon* , ou confiserie au chanvre, est un composé de sucre, de beurre, de farine, de lait et *de sidhee* ou *bang* . Ce procédé a été répété à plusieurs reprises avant moi par Ameer, propriétaire d'un célèbre lieu de villégiature pour les amateurs de chanvre à Calcutta, et qui est considéré comme le meilleur artiste de sa profession. Quatre onces de *sidhee* et une quantité égale de *ghee* (beurre clarifié) sont placées dans un récipient en terre ou bien étamé, une pinte d'eau ajoutée et le tout réchauffé sur un feu de charbon de bois. Le mélange est constamment agité jusqu'à ce que toute l'eau bout, ce que l'on reconnaît au bruit de crépitement du beurre fondu sur les parois du récipient ; le mélange est ensuite retiré du feu, pressé à travers un tissu encore chaud, ce qui permet d'obtenir une solution oléagineuse des principes actifs et des matières colorantes du chanvre, et les feuilles, fibres, etc., restant sur le tissu sont jetées
.

La solution huileuse verte se concrétise bientôt en une masse beurrée, puis est bien lavée à la main avec de l'eau douce jusqu'à ce que l'eau se colore. La matière colorante et une substance extractive sont ainsi éliminées, et il reste une masse vert très pâle, de la consistance d'une simple pommade. Les linges sont jetés ; Ameer dit que ces substances sont enivrantes et produisent une constriction de la gorge, une grande douleur et des symptômes très désagréables et dangereux.

L'opérateur prend alors deux livres de sucre, et, en y ajoutant un peu d'eau, le met dans une pomme sur le feu. Lorsque le sucre se dissout et mousse, on ajoute deux onces de lait ; une écume épaisse monte et s'enlève ; on ajoute de temps en temps encore du lait et un peu d'eau, et l'on fait bouillir pendant environ une heure, la solution étant soigneusement agitée jusqu'à ce qu'elle devienne un sirop transparent et adhésif, prêt à se solidifier sur une surface froide ; on y mélange maintenant quatre onces de *pneu* (lait nouveau séché au soleil) en poudre fine, et enfin on introduit le beurre de chanvre préparé, en continuant à remuer vivement pendant quelques minutes. Quelques gouttes d' uttur de roses sont ensuite rapidement saupoudrées et le mélange versé du pipkin sur un plat ou une plaque froide. La masse se concrétise immédiatement en un mince gâteau, qui est divisé en petits morceaux en forme de losange. Ainsi préparé, il se vend 8s. les 2 livres ; une drachme, au poids, enivrera un débutant ; trois drachmes pour un expérimenté dans son utilisation. Le goût est doux et l'odeur est très agréable.

Ameer déclare qu'il y a sept ou huit fabricants *de majoon* à Calcutta ; que parfois, sur commande spéciale des clients, il introduit des graines de stramonium, mais jamais de nux vomica ; que toutes les classes de personnes, y compris les bas-portugais ou « Kala Feringhees », et en particulier leurs femmes, consomment cette drogue ; qu'il est des plus fascinants dans ses effets, produisant un bonheur extatique , une persuasion de haut rang, une sensation de vol, un appétit vorace et un désir aphrodisiaque intense. Il nie que son utilisation continue conduise à la folie, à l'impuissance ou aux nombreuses conséquences néfastes décrites par les médecins arabes et persans. Bien que je ne croie pas les déclarations d'Ameer sur ce point, sa description des effets immédiats du *majoon* est strictement et précisément correcte.

La plupart des animaux carnivores en mangent avidement et ressentent très vite ses effets narcotiques, s'enivrant ridiculement, mais subissant rarement de pires conséquences.

Détails historiques - Avis sur le chanvre et ses utilisations, par les écrivains sanscrits , arabes et persans.

La notice précédente suffit à expliquer les détails historiques et médicinaux ultérieurs. Je pars de l'historique, afin de montrer l'état exact de nos connaissances sur le sujet, lorsque j'ai tenté son enquête.

Bien que les auteurs arabes et persans les plus éminents s'accordent à attribuer l'origine de la pratique de l'intoxication au chanvre aux indigènes de l' Hindostan , il est remarquable que peu de traces puissent être détectées de la prévalence de ce vice à une époque ancienne en Inde.

L'expert Moodoosudun Gooptu constate que le « Rajniguntu », un traité standard sur la matière médicale, qu'il estime vaguement à 600 ans, donne une description claire de cet agent. Ses synonymes sont « *bijoya* », « *ujoya* » et « *joya* », noms qui signifient promoteurs de succès ; « *brijputta* », ou le fortifiant, ou celui à feuilles fortes ; « *chapola* », la cause d'une démarche chancelante ; « *ununda* », ou le rire-émouvant ; « *hursini* », l'excitateur du désir sexuel. Ses effets sur l'homme sont décrits comme excitants, échauffants, astringents. On ajoute qu'il « détruit les mucosités, expulse les flatulences, induit la constance, aiguise la mémoire, augmente l'éloquence, excite l'appétit et agit comme un tonique général ».

Le « Rajbulubha », un traité sanscrit d'une date un peu plus récente, fait allusion à l'utilisation du chanvre contre la gonorrhée et répète les déclarations du « Rajniguntu ». Dans le Tantra hindou, traité religieux, enseignant des formules et des rites particuliers et mystiques pour le culte des divinités, il est dit en outre que *le sidhee* est plus enivrant que le vin.

Dans le célèbre « Susruta », qui est peut-être le plus ancien de tous les ouvrages médicaux hindous, il est écrit que les personnes souffrant de catarrhe devraient, avec d'autres remèdes, utiliser intérieurement le *bijoya* ou *sidhee* . Les effets ne sont cependant pas décrits.

Le savant Kamalakantha Vidyalanka a retracé une mention du chanvre dans le 5ème chapitre de *Menu* , où il est interdit aux brahmanes d'utiliser les substances suivantes : *palandoo* ou oignons, *gunjara* ou *gunjah* , et les condiments ayant des odeurs fortes et piquantes.

Les écrivains arabes et persans sont cependant beaucoup plus volumineux et précis dans leurs récits de ces fascinantes préparations. Dans le 1er tome. de « Crestomathie » de De Sacy Arabe » on trouve un résumé extrêmement intéressant des écrits de Takim Eddin Makrizi à ce sujet. Lane l'a également remarqué avec son talent habituel dans son admirable ouvrage, « Les Égyptiens modernes ». A partir de ces deux sources, le MS. notes de Syed Keramut Ali et de M. DaCosta, et un curieux article communiqué par notre ami Mirza Abdul Razes, médecin persan très intelligent, le résumé suivant est compilé : -

Makrizi parle du chanvre dans sa description élogieuse du célèbre canton de la Timbalière , les anciens terrains de plaisance, dans les environs du Caire. Ce quartier, après bien des vicissitudes, n'est plus qu'un amas de ruines. Là se trouvait une vallée cultivée nommée Djoneina , qui, nous dit-on, était le théâtre de toutes les abominations imaginables. Elle était surtout célèbre pour la vente de la *hasheeha* , qui est encore avidement consommée par la lie du peuple, et de la consommation de laquelle sont nés les excès qui ont fait donner le nom d'« assassin » aux Sarrasins dans le Saint-Laurent. Guerre. L'histoire de la drogue dont l'auteur traite ainsi : L'ouvrage le plus ancien dans lequel le chanvre est remarqué est un traité de Hasan, qui affirme qu'en l'an 658, ME le Cheikh Djafar Shirazi, moine de l'ordre de Haider, apprit de son maître l'histoire de la découverte du chanvre. Haider, le chef des ascètes et des auto-châtiaux, vivait dans une privation rigide sur une montagne entre Nishabor et Ramah, où il fonda un monastère de Fakirs. Dix ans qu'il avait passé dans cette retraite sans en sortir un seul instant, jusqu'à ce qu'un brûlant jour d'été il parte seul aux champs. A son retour, un air de joie et de gaieté s'imprimait sur son visage ; il recevait la visite de ses frères et encourageait leur conversation. Interrogé, il déclara que, frappé par l'aspect d'une plante qui dansait dans la chaleur comme de joie, alors que tout le reste de la création végétale était engourdie, il avait cueilli et mangé de ses feuilles. Il conduisit ses compagnons sur place, tous mangèrent et tous étaient également excités. Une teinture de feuille de chanvre dans du vin ou de l'alcool semble avoir été la formule favorite à laquelle se livrait le Cheikh Haider. Un poète arabe chante la coupe *d'émeraude* de Haider – une allusion évidente à la riche couleur verte de la teinture de la drogue. Le Cheikh survécut dix ans à la découverte et subsista principalement de cette herbe, et à sa mort, ses disciples, par son désir, la plantèrent dans une tonnelle autour de son tombeau.

De ce saint sépulcre, la connaissance des effets du chanvre se serait répandue dans le Khorasan. En Chaldée, il était inconnu jusqu'en 728 ME sous le règne du Khalif Mostansir Billah ; les rois d' Ormus et de Bahreïn l'introduisirent ensuite en Chaldée, en Syrie, en Égypte et en Turquie.

Au Khorasan, cependant, il semble que la date de l'utilisation du chanvre soit considérée comme bien antérieure à l'ère de Haider. Biraslan , un pèlerin indien, contemporain de Cosröes , [2] aurait introduit et diffusé la coutume à travers le Khorasan et le Yémen. Pour preuve de la grande antiquité de cette pratique, on peut citer certains passages des œuvres d'Hippocrate, dans lesquels certaines de ses propriétés sont clairement décrites, mais la difficulté de décider si ces passages sont faux ou authentiques, rend le fait de peu de valeur. . Dioscoride (lib. ij . cap. 169), décrit le chanvre, mais remarque simplement les propriétés émollientes de ses graines ; ses effets enivrants doivent par conséquent être considérés comme inconnus des Grecs avant son époque, qui est généralement admise comme étant vers le deuxième siècle de l'époque chrétienne, et quelque peu postérieure à l'époque de Pline.

Dans le récit de Makrizi , nous apprenons également que l'oxymel et les acides sont les antidotes les plus puissants contre les effets de ce narcotique ; à côté, les émétiques, les bains froids et le sommeil ; et on nous dit en outre qu'elle possède des propriétés diurétiques, astringentes et surtout aphrodisiaques. Ibn Beitar fut le premier à signaler sa tendance à produire des dérèglements mentaux, et il affirme même que cela s'avère parfois mortel.

En 780 ME, des ordonnances très sévères furent adoptées en Egypte contre cette pratique ; le jardin de Djoneina a été déraciné et tous les coupables d'usage de drogue ont été soumis à l'extraction des dents ; mais en 799 la coutume se rétablit avec une vigueur plus qu'originale. Makrizi dresse un tableau expressif des maux que ce vice infligea alors à ses adeptes : « En conséquence, il s'ensuivit une corruption générale des sentiments et des mœurs, la modestie disparut, toutes les passions basses et mauvaises furent ouvertement cédées, et la noblesse de forme extérieure seule resta à subsister. ces êtres entichés.

Propriétés médicinales attribuées au chanvre par les anciens écrivains arabes et persans et par les auteurs européens modernes.

Dans la liste précédente des écrits de Makrizi sur ce sujet, nous nous sommes limités principalement aux détails historiques, excluant les descriptions d'effets médicinaux supposés. Le Mukzun-ul-Udwieh et le MS persan. en notre possession, renseignez-nous sur les propriétés que les anciens médecins attribuaient à ce puissant narcotique.

Dans le MS de M. DaCosta. Selon la version du chapitre sur le chanvre dans le Mukzun-ul-Udwieh , *churrus* , s'il est fumé avec une pipe, il provoque la torpeur et l'ivresse, et s'avère souvent mortel pour le fumeur. On en remarque trois sortes, le *jardin*, *le sauvage*, et *la montagne*, dont la dernière est réputée la plus forte ; les graines sont appelées *sheadana* ou *shaldaneh* en Perse. On dit que ceux-ci sont « un composé de qualités opposées, froid et sec au troisième degré, c'est-à-dire stimulant et sédatif, conférant d'abord une douce chaleur revivifiante, puis un effet réfrigérant considérable ».

Les qualités contraires de la plante, ses effets stimulants et sédatifs, sont largement discutées. « Elles égayent d'abord les esprits, provoquent la gaieté, colorent le teint, provoquent l'ivresse, excitent l'imagination aux idées les plus ravissantes, produisent la soif, augmentent l'appétit, excitent la concupiscence. Ensuite les effets sédatifs commencent à présider, les esprits sombrent, la vision s'assombrit et s'affaiblit ; et la folie, la mélancolie, la peur, l'hydropisie et autres maladies semblables en sont la suite, et les sécrétions séminales se tarissent. Ces effets sont augmentés par les sucres et combattus par les acides.

L'auteur du Mukzun-ul-Udwieh nous informe en outre :

« Les feuilles constituent un bon produit à priser pour nettoyer le cerveau ; le jus des feuilles, appliqué sur la tête en guise de lavage, enlève les pellicules et la vermine ; des gouttes de jus jetées dans l'oreille calment la douleur et détruisent les vers ou les insectes. Il contrôle la diarrhée, est utile dans la gonorrhée, retient les sécrétions séminales et est diurétique. L'écorce a un effet similaire.

« La poudre est recommandée en application externe sur les plaies et plaies fraîches, et pour provoquer des granulations ; un cataplasme de racine et de feuilles bouillies pour traiter les inflammations, guérir l'érysipèle et apaiser les douleurs névralgiques. Les feuilles séchées, meurtries et étalées sur une feuille d'huile de ricin, guérissent l'hydrocèle et le gonflement des testicules. La *dose* interne est d'un *direm*, soit quarante-huit grains. Les antidotes sont les émétiques, le lait de vache, l'eau chaude et le vin d'oseille.

Faisant allusion à ses usages populaires, l'auteur s'attarde sur les éventuelles conséquences néfastes de l'indulgence ; Il s'ensuit d'abord une faiblesse des organes digestifs, suivie de flatulences, d'indigestions, de gonflements des membres et de la face, de changement de teint, de diminution de la vigueur sexuelle, de perte de dents, de lourdeur, de lâcheté, d'idées dépravées et mauvaises ; Le scepticisme à l'égard des principes religieux, le libertinage et l'impiété sont également énumérés dans la liste des résultats déplorables.

Les propriétés médicinales du chanvre, sous diverses formes, font l'objet de quelques notes intéressantes de Mirza Abdul Razes. « Il produit un appétit vorace et de la constipation, arrête les sécrétions sauf celle du foie, excite l'imagination folle, surtout une sensation d'ascension, l'oubli de tout ce qui se passe pendant son utilisation, et une telle exultation mentale, que les spectateurs l'attribuent à une inspiration surnaturelle . .»

Mirza Abdul considère le chanvre comme un puissant excitateur du flux biliaire et rapporte des cas de son efficacité pour restaurer l'appétit, de son utilité en application externe comme cataplasme avec du lait, pour soulager les hémorroïdes et en interne dans la gonorrhée . Un quart de drachme de *bangh* est administré dans de l'eau comme dose contre la gonorrhée . Il déclare également que les fumeurs habituels de *Gunjah* meurent généralement de maladies des poumons, d'hydropisie et d'anasarca, « ainsi que les mangeurs de *majoon* et les fumeurs de *Sidhee* , mais à une période ultérieure. Les personnes inexpérimentées qui le prennent pour la première fois restent souvent insensées pendant une journée, certains deviennent fous, d'autres meurent.

Dans le 35e chapitre du 5e volume de « Rumphius ' Herbarium Amboinense », p. 208, éd. Amsterdam . EN 1695 après J.-C., on trouve un long et très bon récit sur le chanvre, illustré par deux excellentes planches. Le texte ci-joint est un résumé de l'article de Rumphius : -

Rumphius décrit d'abord botaniquement les plantes de chanvre mâles et femelles, dont il donne deux admirables dessins. Il attribue les provinces supérieures de l'Inde comme *habitat* et déclare qu'il est cultivé à Java et à Amboyna. Il remarque alors très brièvement les effets excitants attribués à la feuille et à ses mélanges avec des épices, du camphre et de l'opium. Il fait allusion avec scepticisme à ses prétendus pouvoirs aphrodisiaques et affirme que le type d'excitation mentale qu'il produit dépend du tempérament du consommateur. Il cite un passage de Galien, lib. je . (de aliment. facult .), dans lequel on affirme qu'à l'époque de ce grand écrivain, il était d'usage de donner des graines de chanvre aux invités des banquets pour promouvoir l'hilarité et le plaisir. Rumphius ajoute que les Mahomedán de son voisinage recherchaient fréquemment la plante mâle de son jardin, pour la donner aux personnes atteintes de gonorrhée virulente et d'asthme, ou de cette affection qu'on appelle communément « points de côté ». Il nous dit en outre que les feuilles en poudre arrêtent la diarrhée , sont stomacales, guérissent le mal nommé *pitao* et modèrent la sécrétion excessive de bile. Il mentionne l'usage de la fumée de chanvre comme lavement dans les hernies étranglées, et des feuilles comme antidote à l'empoisonnement par l'orpiment. Enfin, il remarque dans les deux chapitres suivants des variétés de chanvre, qu'il appelle *gunjah sativa* et *gunjah agrestis* .

Dans l' *Hortus Malabaricus* , l'article de Rheede sur le chanvre n'est qu'un simple écho des déclarations de Rumphius .

Parmi les écrivains européens modernes, la seule information que j'ai pu retrouver sur l' usage *médicinal du chanvre en Europe* se trouve dans l'ouvrage récent de Nees c. Esenbeck , dont voici un extrait aimablement fourni par le Dr. Wallich :—

« L'herbe fraîche du chanvre a une odeur narcotique très puissante et désagréable, et est utilisée en Orient en combinaison avec l'opium dans la préparation de potions enivrantes, etc. Il est probable que le *népenthe* des anciens était préparé à partir des feuilles de cette plante. De nombreux médecins, parmi lesquels Hahnemann, prescrivent l'extrait vineux dans divers troubles nerveux, où l'on employait autrefois l'opium et l'hyoscyamus , étant moins piquants et dépourvus d'amertume. [3]

Aucune information sur les effets *médicinaux* du chanvre n'existe dans les ouvrages standards sur la matière médicale auxquels j'ai accès. Soubeiran , Feé , Merat et de Lens, dans leur admirable dictionnaire ; Chevalier et Richard, Roques (Phytographie Médical); Ratier et Henry (Pharmacopée Française) ; et le Dictionnaire des Sciences Médicales , sont tous également muets sur le sujet.

Dans « Ainslie's Materia Indica », 2ème vol., nous trouvons trois notices de cette plante et de ses préparations.

A la page 39 « banghie » (*Tamul*), avec le persan et l'hindee Les synonymes de « beng » et « subjee » sont décrits comme une liqueur enivrante préparée avec les feuilles de *gunjah* ou de chanvre.

Sous le titre « *gunjah* », Ainslie donne de nombreux synonymes , et nous apprend que les feuilles sont parfois prescrites en cas de diarrhée ; et en conjonction avec le curcuma, les oignons et l'huile de gingile chaude , ils forment une union pour les hémorroïdes saillants douloureux. Dr. Ainslie donne également un bref aperçu des utilisations populaires et des caractères botaniques de la plante.

Majoon , enfin, est décrit par le Dr. Ainslie, page 176, comme préparation de sucre, lait, ghee, graines de pavot, fleurs de datura, poudre de nux vomica et sucre. Le vrai *majoon* , cependant, tel qu'il est préparé au Bengale, ne contient ni datura ni nux vomica. J'ai déjà décrit devant moi le procédé par lequel il a été fabriqué.

Dans le «Journal de Pharmacie », magazine le plus complet qui existe sur tous les sujets pharmaceutiques, on retrouve le chanvre remarqué en plusieurs volumes. Dans le « Bulletin de Pharmacie », t. VA 1810, p. 400, on la trouve brièvement décrite par M. Rouyer , apothicaire de Napoléon, et membre de la commission scientifique égyptienne, dans un mémoire sur les remèdes populaires d'Egypte. Avec les feuilles et les sommités, nous dit-il, récoltées avant maturation, les Égyptiens préparent une conserve, qui sert de base au *berch* , au *diasmouk* et au *bernaouy* . Les feuilles de chanvre réduites en poudre et incorporées au miel ou remuées avec de l'eau constituent la *berche* des classes pauvres. Le même ouvrage (Bulletin, vol. I ., p. 523, A. 1809) contient également une très brève notice sur les préparations enivrantes du chanvre, lue par M. De Sacy devant l'Institut de France, en juillet 1809. M. L'analyse ultérieure de Makrizi par De Sacy , dont j'ai donné un aperçu, est cependant beaucoup plus détaillée que l'article du Bulletin.

Le professeur Royle , dans son admirable ouvrage intitulé « Illustrations of the Botany, &c. de l'Himalaya », p. 334, donne un très bref aperçu des synonymes et épithètes de la résine de chanvre, et mentionne ses propriétés enivrantes, mais ne nous fournit aucune information sur ses effets médicinaux.

Expériences de l'auteur — Inférences quant à l'action du médicament sur les animaux et sur l'homme.

Telle était la quantité d'informations préliminaires dont je disposais, sur lesquelles je me suis guidé dans mes tentatives ultérieures pour acquérir une connaissance plus précise de l'action, des pouvoirs et des applications médicinales possibles de cet agent remarquable.

Il y en avait de quoi montrer que le chanvre possède, à petites doses, un pouvoir extraordinaire de stimuler les organes digestifs, d'exciter le système cérébral, d'agir aussi sur l'appareil générateur. Les déclarations historiques ont également montré que des doses plus élevées induisaient une insensibilité ou agissait comme un puissant sédatif. L'influence du médicament sur le soulagement de la douleur était également manifeste dans tous les mémoires mentionnés. Quant aux séquelles néfastes si unanimement évoquées par tous les auteurs, elles ne m'ont pas paru si nombreuses, si immédiates, ou si redoutables, que nombre d'entre elles peuvent être clairement attribuées à une consommation excessive d'autres stimulants ou narcotiques puissants, à savoir l'alcool. , l'opium ou le tabac.

La dose à laquelle les préparations à base de chanvre pouvaient être administrées constituait bien entendu l'un des premiers objets d'enquête. Ibn Beitar avait mentionné un *direm* , ou quarante-huit grains de *churrus* ; mais cette dose me parut si énorme, que je crus devoir procéder à des quantités beaucoup plus faibles. Quelle heureuse fut cette prudence, la suite le montrera suffisamment.

Une vaste série d'expériences sur les animaux fut entreprise en premier lieu, parmi lesquelles on peut citer les suivantes :

Exp. 1.— Dix grains de Nipalese *des churrus* , dissous dans l'alcool, ont été donnés à un chien de taille moyenne. Au bout d'une demi-heure, il devint stupide et somnolent, somnolant par intervalles, sursautant, remuant la queue comme s'il était extrêmement content ; il mangeait avidement de la nourriture ; lorsqu'on l'appela, il chancela d'avant en arrière , et son visage prit un air d'ivresse totale et impuissante. Ces symptômes duraient environ deux heures, puis disparaissaient progressivement ; En six heures, il était parfaitement rétabli et vif.

Exp. 2.— Une drachme de *majoon* a été donnée à un chien de petite taille ; il le mangea avec grand plaisir, et au bout de vingt minutes il fut ridiculement ivre ; En quatre heures, ses symptômes ont disparu, également sans dommage.

Exp . 3, 4 et 5. — Trois enfants avaient chacun dix grains d'extrait alcoolique de *gunjah* . Dans l'un d'entre eux, aucun effet n'a été produit ; dans le second, il y avait beaucoup de lourdeur et une certaine incapacité de bouger ; dans le troisième, une altération marquée du visage était visible, mais sans autre effet.

Exp. 6.— Vingt grains furent donnés, dissous dans un peu d'alcool, à un chien de très petite taille. Au bout d'un quart d' heure , il fut ivre ; en une demi-heure, il eut de grandes difficultés de mouvement ; en une heure, il avait perdu toute puissance sur les extrémités postérieures, un peu raides mais flexibles ; la sensibilité ne semblait pas altérée et la circulation était naturelle. Il répondait volontiers aux appels par une tentative de se relever. En quatre heures , il se sentait tout à fait rétabli.

Dans aucune de ces expériences, ni dans plusieurs autres, la moindre indication de douleur ou le moindre degré de mouvement convulsif n'a été observé.

Il semble inutile de s'attarder sur les détails de chaque expérience ; il suffit de dire qu'ils ont conduit à un résultat remarquable : tandis que les animaux carnivores et les poissons, les chiens, les chats, les porcs, les vautours, les corbeaux et les adjudants manifestaient invariablement l'influence enivrante de la drogue, les graminivores, comme le cheval , les cerfs, les singes, les chèvres, les moutons et les vaches ont ressenti des effets insignifiants quelle que soit la dose que nous avons administrée.

Encouragé par ces résultats, aucune hésitation ne pouvait être ressentie quant à la parfaite sécurité de faire un essai approfondi de la résine de chanvre dans les cas où ses pouvoirs apparents promettaient le plus grand degré d'utilité.

Cas de rhumatismes traités par le chanvre. Catalepsie produite par un grain.

Les premiers cas sélectionnés étaient deux de rhumatisme aigu et un de cette maladie sous forme chronique, survenus parmi les patients de l'hôpital clinique de la Faculté de Médecine. Dans les deux premiers cas, un essai équitable des mesures antiphlogistiques et de la poudre de Douvres avec des antimoniaux n'avait apporté que peu de soulagement ; dans ce dernier cas, la salsepareille d'abord, puis l' Hemidesmus Indicus avec des bains chauds avaient été essayées sans avantage.

Le 6 novembre 1838, un grain de résine de chanvre fut administré en solution, à deux heures de l'après-midi, à chacun de ces trois malades.

A seize heures, on rapportait que l'un d'eux devenait très bavard, chantait des chansons, réclamait à haute voix un supplément de nourriture et se déclarait en parfaite santé. Les deux autres patients ne sont pas affectés.

A six heures de l'après-midi, je reçus un rapport dans le même sens, mais indiquant que le premier patient s'endormait maintenant.

A vingt heures, j'ai été alarmé par une note émergente de Nobinchunder Mitter , le clinicien de garde, souhaitait que je me rende immédiatement à l'hôpital, car les symptômes du patient étaient très particuliers et redoutables. Je me rendis sans délai à l'hôpital, et je le trouvai couché sur son lit tout à fait insensible, mais respirant avec une régularité parfaite, le pouls et la peau naturels, et les pupilles contractiles à l'approche de la lumière.

Alarmé et peiné au-delà de toute description devant un tel état de choses, je me suis précipité vers les autres patients : j'ai trouvé l'un endormi, le troisième éveillé, intelligent et exempt de tout symptôme d'ivresse ou d'alarme.

Revenant ensuite au premier, on m'ordonna de préparer un émétique, et en l'attendant je me hasardai à lever le bras du patient. Le lecteur professionnel jugera de mon étonnement, lorsque je constatai qu'il restait dans la posture où je l'avais placé. Il n'a fallu qu'un très bref examen des membres pour constater que le patient avait été plongé, sous l'influence de ce narcotique, dans cet état nerveux étrange et le plus extraordinaire de tous, dans cet état que si peu de gens ont vu et dont l'existence est si rare. beaucoup discréditent encore la véritable *catalepsie* du nosologue.

J'ai eu la chance, il y a des années, d'avoir été témoin de deux cas sans équivoque de ce trouble. L'un s'est produit dans le service clinique pour femmes d'Édimbourg, sous la direction du Dr. Duncan, et j'en ai parlé moi-même dans le « Lancet » en 1828. La seconde a eu lieu en 1831, dans une famille avec laquelle je résidais à Londres. Ce cas a été témoin du Dr. Silver, M. G. Mills et plusieurs autres amis professionnels. Dans les deux cas, l'état cataleptique s'est établi dans sa pleine perfection, et dans les deux cas le paroxysme s'est terminé brusquement sans aucune conséquence fâcheuse.

Pour revenir à nos patients ; Nous l'avons élevé en position assise et avons placé ses bras et ses membres dans toutes les attitudes imaginables. Une figure de cire ne pourrait pas être plus souple ou plus stationnaire dans chaque position, aussi contraire à l'influence naturelle de la gravité sur la pièce.

À toutes les impressions, il était cependant presque insensible ; il ne faisait aucun signe de compréhension des questions ; ne pouvait pas être réveillé. Un sinapisme à l'épigastre n'a provoqué aucun signe de douleur. Le pharynx et ses muscles coadjuteurs agissaient dans la déglutition des remèdes stimulants que je croyais à propos d'administrer, quoique l'état cataleptique manifeste m'eût entièrement libéré de l'anxiété dans laquelle je travaillais auparavant.

Entre-temps, le deuxième patient avait été réveillé par le bruit qui régnait dans la salle et semblait très amusé de l'aspect étrange et des attitudes de statue dans lesquelles le premier patient avait été placé, quand tout à coup il poussa un grand éclat de rire, et s'est exclamé que "quatre esprits sautaient avec son lit en l'air". En vain nous essayâmes de l'apaiser ; son rire devint momentanément de plus en plus incontrôlable. Nous avons alors observé que les membres étaient plutôt rigides et qu'en quelques minutes supplémentaires, ses bras ou ses jambes pouvaient être pliés et rester dans n'importe quelle position souhaitée. Une boisson fortement stimulante fut immédiatement administrée et un sinapisme fut appliqué. Il ne se plaignit pas de ce dernier, mais son ivresse le conduisit à des excuses si bruyantes que nous dussions le transporter dans une chambre séparée ; Ici, il devint bientôt tranquille, ses membres reprirent en moins d'une heure leur état naturel, et en deux heures il se présenta comme étant parfaitement bien portant et excessivement affamé.

Le premier patient resta cataleptique jusqu'à une heure, lorsque la conscience et le mouvement volontaire revinrent rapidement, et à deux heures, il était exactement dans le même état que le deuxième patient.

Le troisième homme n'a ressenti aucun effet et, après une enquête plus approfondie, il a été constaté qu'il était habitué à utiliser le *gunjah* dans la pipe.

Le lendemain, j'ai eu beaucoup de plaisir à constater que les deux individus mentionnés ci-dessus n'étaient pas seulement indemnes du narcotique, mais qu'ils étaient également très soulagés de leurs rhumatismes ; ils sortirent tout à fait guéris trois jours après.

Le quatrième cas d'essai était un vieux cooley musclé , un simulateur rhumatismal, à qui on avait donné un demi-grain de résine de chanvre dans un peu d'alcool. Le rapport du premier jour suffira à tous : — En deux heures, le vieux monsieur devint bavard et musical, raconta plusieurs histoires et chanta des chansons devant un cercle d' auditeurs très ravis, mangea les dîners de deux personnes inscrites pour lui dans la salle, chercha aussi pour d'autres luxes auxquels nous pouvons à peine oser faire allusion -

et finalement je m'endormis profondément, et cela continua jusqu'au lendemain matin. Lors de la visite de midi, il s'est exprimé sans souffrir de maux de tête ni de toute autre séquelle désagréable, et a imploré avec insistance une répétition du traitement, auquel il s'est livré pendant quelques jours puis a été libéré.

Dans plusieurs cas de rhumatismes aigus et chroniques admis à cette époque, des doses d'un demi-grain de résine furent administrées, avec des effets très analogues ; soulagement de la douleur chez la plupart, augmentation remarquable de l'appétit chez tous, aphrodisie sans équivoque et grande gaieté mentale. Dans aucun cas, ces effets n'ont abouti au délire ou n'ont donné lieu à une quelconque tendance à la querelle. La disposition développée était uniforme chez tous, et chez aucun, les maux de tête ou les maux d'estomac n'étaient une conséquence de l'excitation.

Cas d'hydrophobie.

Il se produisit alors un cas où l'influence d'un narcotique, capable soit de réconforter, soit de provoquer une insensibilité inoffensive, serait lourde de bénédictions pour le misérable patient.

Le 22 novembre, à huit heures du matin, un billet en anglais me fut remis par mon domestique, me demandant mon aide pour le Hakim Abdullah, alors à ma porte, qui avait été supplié par un chien enragé trois semaines auparavant, et qui craignait que les misérables conséquences de la morsure avaient déjà commencé. J'ai trouvé le pauvre homme dans une voiture ; il était parfaitement calme, quoique tout à fait convaincu du caractère désespéré de son cas. Il m'a raconté que la veille au soir, en passant près d'un réservoir, il s'était alarmé et depuis lors il ne pouvait plus avaler de liquide. Son œil était inquiet, méfiant et sauvage ; ses traits étaient anxieux ; son pouls est de 125 ; sa peau couverte d'humidité froide ; Il a néanmoins déclaré qu'il avait besoin de nourriture et qu'il se sentait bien. Une petite cicatrice rouge et douloureuse existait sur l'avant-bras gauche.

Il a été immédiatement transporté à l'hôpital, où je l'ai accompagné. Par son propre désir, de l'eau fut introduite dans un récipient métallique, qu'il saisit et qu'il approcha de ses lèvres ; je ne pourrai jamais oublier les horreurs indescriptibles du paroxysme qui s'ensuivit. Cela s'apaisa au bout d'environ trois minutes, et une soif morbide aiguillonnant toujours le malheureux, il demanda à son serviteur de lui appliquer un chiffon humide sur les lèvres. Intelligent et courageux, il attendait avec détermination le contact du tissu et, pendant quelques secondes, quoique dans une agonie épouvantable, il laissa quelques gouttes couler sur sa langue ; mais alors s'ensuivit une seconde lutte que, malgré la part d'insensibilité de ma profession, je ne pouvais pas rester sans contempler.

Deux grains de résine de chanvre en masse molle et pillulaire étaient commandés toutes les heures ; après la troisième dose, il a déclaré avoir ressenti un début d'intoxication ; il bavardait maintenant joyeusement sur son cas et faisait preuve d'une grande intelligence et d'une grande expérience dans le traitement de la maladie même dont il souffrait. Il parlait calmement de boire, mais disait que c'était en vain d'essayer, mais qu'il pouvait sucer une orange ; on le lui apporta, et il réussit à avaler le jus sans aucune difficulté.

Le chanvre a été continué jusqu'à la sixième dose, après quoi il s'est endormi et a eu quelques heures de repos. Cependant, de bonne heure le matin suivant, M. Siddons, mon assistant, fut appelé vers lui et le trouva dans un état d'agonie et d'excitation tumultueuse ; torturé par la soif, il essaya de boire ; mais j'épargnerai au lecteur les détails des horreurs qui s'ensuivirent.

Le chanvre a été répété à nouveau ; et encore une fois, dès la troisième dose, l'allégement encourageant de la veille a été constaté. Il mangea un morceau de canne à sucre et avala de nouveau le jus ; il prit du riz mouillé et se laissa administrer un lavement purgatif ; son pouls était presque naturel ; la peau naturelle à tous égards ; son visage était heureux. Sur *un* seul sujet il était incohérent, et même là se manifestait l'influence puissante et particulière du narcotique. Il parlait avec ravissement des dames de son *zenana* et de son anxiété d'être avec elles. Nous avons toutefois assuré qu'il ne disposait pas d'un tel établissement.

Quatre jours s'écoulèrent ainsi , les doses de chanvre se continuant. Lorsqu'il s'endormit, au réveil les accès revinrent, mais furent de nouveau apaisés presque immédiatement comme au début. Pendant ce temps, des lavements purgatifs étaient employés, et il prenait de la nourriture solide et buvait une fois de l'eau sans la moindre souffrance. Mais vers trois heures de l'après-midi, le cinquième jour, il tomba dans une profonde stupeur, la respiration un peu saccadée ; il resta dans cet état, et, sans plus de lutte, la mort termina ses souffrances à quatre heures le 27 novembre.

En examinant le résumé précédent de ce cas intéressant, il semble évident qu'au moins un avantage a été tiré de l'utilisation du remède : l'horrible maladie a été dépouillée de ses horreurs ; sinon moins mortelle qu'auparavant, elle a été réduite à moins que l'ampleur des souffrances qui précèdent la mort due à la plupart des maladies ordinaires. Il faut se rappeler également que dans ce cas, le premier ainsi traité, je ne possédais aucune donnée pour me guider quant à la dose ou au mode d'administration du médicament. Les cas remarquables de tétanos détaillés dans la suite éclairent ces points importants et conduiront, dans les cas futurs, à l'administration sans hésitation de quantités beaucoup plus grandes que celles que j'osais d'abord employer . Je ne suis cependant pas assez téméraire pour nourrir l'espoir qui s'impose involontairement en moi, que nous tirerons jamais de ce narcotique un remède efficace, même pour un cas solitaire de cette maladie ; mais après la guérison, le médecin appréciera peut-être les moyens qui lui permettent de « joncher de fleurs le chemin qui mène au tombeau » et de débarrasser de ses terreurs *spécifiques la maladie la plus terrible à laquelle l'humanité soit exposée.*

Tandis que le cas précédent était en cours de traitement et suscitait le plus grand intérêt à l'école, plusieurs élèves commencèrent des expériences sur eux-mêmes pour vérifier les effets de la drogue. Au total, l'état du pouls était noté avant de prendre une dose, et ensuite les effets étaient observés par deux élèves très intelligents. Le résultat de plusieurs essais fut qu'à des doses aussi petites qu'un quart de grain, le pouls était augmenté en plénitude et en fréquence ; la surface du corps brillait ; l'appétit devint extraordinaire ; des idées vives envahissent l'esprit ; une loquacité inhabituelle s'est produite ; et, à peu près aucune exception, de grandes aphrodisies furent vécues.

Chez un élève, Dinonath Dhur , un garçon retiré et d'excellentes habitudes, dix gouttes de teinture, égales à un quart de grain de résine, provoquèrent en vingt minutes les effets les plus amusants que j'aie jamais vus. Un éclat de rire annonça les symptômes, et un état transitoire de rigidité cataleptique se produisit pendant deux ou trois minutes. Convoqué pour assister aux effets, nous le trouvâmes jouant le rôle d'un Rajah donnant des ordres à ses courtisans ; il ne pouvait reconnaître aucun de ses camarades ni aucune de ses connaissances ; tout lui paraissait aussi changé que sa propre condition ; il a parlé de nombreuses années s'étant écoulées depuis l'époque de son élève ; il décrivait ses professeurs et ses amis avec un piquant qu'un dramaturge envierait ; a détaillé les aventures d'une série imaginaire d'années, ses voyages, son accession à la richesse et au pouvoir ; il entra dans des discussions sur des sujets religieux, scientifiques et politiques, avec une éloquence étonnante, et révéla une étendue de connaissances, de lectures et un esprit tout à fait pertinent, auxquels ceux qui le connaissaient le mieux n'étaient absolument pas préparés. Pendant trois heures et plus, il conserva le caractère qu'il avait d'abord pris, et avec un degré d'aisance et de dignité parfaitement adapté à sa haute situation. Une scène plus intéressante serait difficile à imaginer. Cela s'est terminé presque aussi soudainement qu'il avait commencé, et aucun mal de tête, nausée ou autre symptôme désagréable n'a suivi cet innocent excès.

Dans les symptômes décrits ci-dessus, nous sommes inévitablement amenés à trouver une ressemblance étroite avec les effets produits par l'inspiration réputée des oracles de Delphes ; peut-être ne serait-il pas très erroné de conclure qu'il s'agissait du même genre d'excitation.

Utiliser dans le choléra.

Une épidémie de choléra régnant à cette époque, deux des étudiants administrèrent la teinture de chanvre à plusieurs cas de cette maladie, et des guérisons furent signalées quotidiennement par sa prétendue efficacité. Dr. Goodeve fut ainsi amené à l'essayer dans plusieurs cas, et son rapport fut au plus haut degré favorable. La diarrhée a été stoppée dans tous les cas et les effets stimulants du médicament se sont clairement manifestés. Le durwan du collège, un Rajpoot athlétique, fut attaqué et fut soumis à mon traitement après avoir été malade pendant sept heures ; il était sans pouls, froid et dans un état de danger imminent, les évacuations caractéristiques s'écoulant de lui sans effort. On lui donna un demi-grain de résine de chanvre, et au bout de vingt minutes le pouls revint, la peau devint chaude, la purge cessa et il s'endormit. Au bout d'une heure, il fut cataleptique et le resta pendant plusieurs heures. Le matin, il se sentait parfaitement bien et était à son service comme d'habitude.

Il est cependant juste de constater que le caractère de l'épidémie n'était pas malin à l'époque. J'admets que ces cas ne sont pas concluants, mais je les considère comme prometteurs et qu'ils méritent l'attention voulue de la part du praticien.

Depuis que ce passage a été écrit en 1838, la teinture de chanvre a été utilisée dans un grand nombre de cas, tant européens qu'indigènes, à l'hôpital de la Faculté de Médecine. Je ne connais aucun remède comparable à ce stimulant général et constant lorsqu'il est administré aux *Européens* à doses d'une demi-drachme pendant la phase traitable de cette maladie. J'ai connu le retour d'impulsion et de chaleur et la purge vérifiée par un seul bidon. Il apaise les vomissements beaucoup plus sûrement que les préparations d'opium, et n'est pas plus susceptible que celles-ci d'entraîner une congestion cérébrale lors de la cessation des symptômes du choléra. L'effet réconfortant sur le moral du patient n'est pas le moindre bénéfice que confère ce remède.

Dans les cas *indigènes* , on obtenait beaucoup moins d'avantages ; Presque tous ces patients étaient de vieux fumeurs de Gunjah .

Utiliser dans le tétanos.

Je passe maintenant à une classe de cas très importants, dans lesquels les résultats obtenus sont d'un caractère qui me permet de considérer les pouvoirs du remède comme établis de manière satisfaisante et incontestable. Je fais allusion à son utilisation dans le traitement du *tétanos traumatique* , ou tétanos, à côté de l'hydrophobie, peut-être la plus incurable et la plus agoniste de tout le catalogue des maladies humaines.

Le premier cas de cette maladie soignée par le chanvre fut celui de Ramjan Khan, âgé de trente ans, admis au College Hospital, le 13 décembre 1838, pour un ulcère de desquamation au dos de la main gauche. Cinq jours auparavant, un empirique indigène avait appliqué un *gool chauffé au rouge* (le mélange de charbon de bois et de tabac utilisé dans le narguilé) sur l'arrière du poignet gauche, comme remède contre la dysenterie chronique et la rate. Le frère du patient a également été cautérisé le même jour. Dans les deux cas, la desquamation s'est produite jusqu'aux tendons. Les symptômes du tétanos sont apparus le 24 décembre. Le frère, qui avait refusé de bénéficier de l'aide européenne, avait été atteint du tétanos à son propre domicile quatre jours auparavant et était décédé après trois jours de maladie. Le 26 décembre , les spasmes survinrent et revinrent à quelques minutes d'intervalle ; les muscles de l'abdomen, du cou et des mâchoires se contractèrent fermement et de façon permanente. De fortes doses d'opium avec du calomel ayant été administrées pendant quelques heures, sans le moindre soulagement des symptômes, et son cas ayant été déclaré en consultation complètement désespéré, j'obtins de M. Egerton la permission de soumettre le pauvre homme à l'épreuve de la résine de chanvre. Deux grains furent d'abord donnés à deux heures et demie de l'après-midi, dissous dans un peu d'alcool. Au bout d'une demi-heure, le malade eut le vertige ; à cinq heures de l'après-midi, il avait les yeux fermés, il avait sommeil et s'exprimait très ivre.

Il dormait par intervalles pendant la nuit, mais au réveil il avait des crises convulsives.

Le 27, deux grains étaient administrés toutes les trois heures (on administrait également un lavement purgatif qui opérait trois fois) ; la raideur des muscles diminua beaucoup vers le soir, mais les spasmes revinrent à intervalles comme auparavant ; pouls et peau naturels.

28.Amélioré ; est léthargique mais intelligent ; Des spasmes surviennent occasionnellement, mais à des intervalles beaucoup plus longs et de moindre gravité.

29. La dose de chanvre a augmenté à trois grains toutes les deux heures. Symptômes modérés.

30. Très ivre ; continue de s'améliorer.

1er janvier 1839. Un cataplasme de chanvre appliqué sur l'ulcère et l'usage interne du remède se poursuit. Vers le soir, la situation s'était beaucoup améliorée ; spasmes insignifiants; pas de rigidité permanente ; avait fait deux *selles dysentériques* .

2. Rapport du matin : J'ai passé une bonne nuit et cela semble beaucoup mieux. Rapport du soir : ça se passe remarquablement bien.

3, 4 et 5. Continue de s'améliorer. Résine de chanvre en deux doses de grains toutes les cinq heures.

6. Cinq heures de l'après-midi — Fiévreux ; peau chaude ; pouls rapide; tous les symptômes tétaniques ont disparu ; émission de selles muqueuses et sanglantes. Sangsues jusqu'à l'abdomen ; un lavement à l'amidon et à l'opium avec trois grains d'acétate de plomb toutes les deux heures ; épongement tiède sur le corps ; chanvre omis.

7. Six heures du matin. Toujours fiévreux ; selles fréquentes, muqueuses ; sensibilité abdominale à la pression ; pas d'appétit; l'ulcère est muqueux, déchiqueté et offensant. L'opium et l'acétate de plomb ont continué ; abdomen sangsué; plaie habillée avec de l'eau. A midi, il y avait une légère rigidité des muscles abdominaux. Le chanvre a repris. À trois heures de l'après-midi, je suis devenu ivre et affamé ; ulcère extrêmement sec, fétide et abominablement fétide ; vers le soir, la rigidité cessa. Le chanvre a été abandonné.

A partir de ce jour, le tétanos peut être considéré comme ayant complètement cessé, mais les symptômes dysentériques persistèrent, malgré l'usage de l'opium et de l'acétate de plomb ; l'ulcère, lui aussi, s'est révélé totalement incurable. Une certaine amélioration des symptômes dysentériques s'est produite du 10 au 15, lorsque les selles naturelles ont été évacuées. Il semblait reprendre des forces, mais la blessure ne s'améliorait en rien ; la mue, au contraire, menaçait de s'étendre, et deux os métacarpiens se détachaient au centre de la plaie ; lors de la consultation, il fut convenu d'amputer le bras, mais le patient s'y opposa péremptoirement. La mortification s'étendit alors rapidement et, à notre infini regret, il mourut d'épuisement dans la nuit du 23 janvier.

Un examen sans préjugé des détails précédents montre les pouvoirs sédatifs du remède sous le jour le plus favorable ; et, quoique le malade soit mort, il faut se rappeler qu'il s'agissait d'une maladie différente, sur laquelle on ne présume pas que le chanvre possède le moindre pouvoir.

Le *deuxième* cas était celui de Chunoo Syce (traité par M. O'Brien, à l'Hôpital Indigène), chez qui le tétanos est survenu le 11 décembre, après une blessure causée par un coup de pied de cheval. Après un essai inefficace de térébenthine et d'huile de ricin à fortes doses, deux doses de grains de résine de chanvre ont été administrées le 16 décembre. Il consomma les 134 grains de résine et quitta l'hôpital guéri le 28 décembre.

Troisième cas. — Huroo , une femme âgée de vingt-cinq ans, admise à l'hôpital indigène le 16 décembre ; avait le tétanos depuis trois jours, séquelle d'une coupure au coude gauche reçue quinze jours auparavant. Symptômes de violence à l'admission. Térébenthine et huile de ricin administrées à plusieurs reprises sans effet ; les 16 et 17, trois grains de résine de chanvre ont été donnés au coucher. Le 18 au matin , elle fut trouvée dans un état de catalepsie complète, et le resta jusqu'au soir, où elle devint sensible, et un paroxysme tétanique réapparut. Le chanvre a repris et s'est poursuivi avec deux doses de céréales toutes les quatre heures. Elle a ensuite pris une céréale deux fois par jour jusqu'au 8 février, date à laquelle elle a apparemment quitté l'hôpital en assez bonne santé.

M. O'Brien a depuis utilisé la résine de chanvre dans cinq cas, dont quatre ont été admis dans un état parfaitement désespéré. Il employa le remède en *dix doses de grains* dissous dans l'alcool. L'effet qu'il décrit est un relâchement presque immédiat des muscles et une interruption de la tendance convulsive. Sur les sept cas de M. O'Brien, quatre se sont rétablis.

À l'hôpital de la police de Calcutta, le regretté Dr. Bain a utilisé le remède dans trois cas de tétanos traumatique, parmi lesquels un est décédé et deux se sont rétablis.

Un cas très remarquable s'est produit récemment dans la pratique de mon cousin, M. Richard O'Shaughnessy. Le patient était un juif, âgé de trente ans, atteint de tétanos lors de l'évolution d'une plaie desquameuse du scrotum, séquelle d' une hydrocèle négligée. Trois doses de céréales ont été utilisées toutes les deux heures avec pour effet de provoquer une intoxication et de suspendre les symptômes. Le patient s'est parfaitement rétabli et jouit désormais d'une excellente santé.

A côté des cas précédents, j'ai entendu parler de deux trismus puerpérale traités chez des femelles indigènes. Tous deux se sont terminés fatalement, événement qui ne peut discréditer le remède, quand on se souvient que les femelles indigènes hindous de tous rangs sont placées, pendant et après leur emprisonnement, dans une cellule, à l'intérieur de laquelle de grosses bûches de bois sont constamment enflammées. J'ai constaté que la température de ces tanières dépasse 120° Fahrenheit.

Une curieuse coïncidence de preuves de la valeur du chanvre dans ces cas-là m'est venue très récemment à l'esprit. Dans l'annexe aux « Medical Essays » de Sir James Murray, p. 16, daté de Dublin 1837, apparaît le passage suivant : — « Ayant écrit la substance de ces pages (ouvrage de Sir James) à mon frère, alors assistant-chirurgien du 60th Rifles, au Cap de Bonne-Espérance, il mentionna qu'une plante appelé *dyka* , ou chanvre sauvage, qui pousse sur la côte orientale de l'Afrique, est utilisé par les indigènes à cet effet (le soulagement des convulsions puerpérales), et qu'ils tous, mâles et femelles, le fument pour provoquer une relaxation et un soulagement parfaits. de la douleur et des spasmes de tout enfant pendant son influence relaxante.

Les faits précédents sont présentés au lecteur professionnel avec une méfiance non feinte quant aux déductions que je me sens disposé à tirer de leur examen. Ils me semblent démontrer sans équivoque que, administrée avec audace et à fortes doses, la résine de chanvre est capable d'arrêter efficacement la progression de cette redoutable maladie et, dans une grande proportion de cas, d'effectuer une guérison parfaite.

Les faits sont au moins de nature à justifier l'espoir que les vertus du médicament pourront être largement et sévèrement mises à l'épreuve dans la multitude de ces cas effroyables qui se présentent dans tous les hôpitaux indiens.

MM. Hughes et Templar, éminents vétérinaires de Calcutta, ont utilisé la résine de chanvre dans cinq cas de chevaux atteints du tétanos ; parmi eux, trois se sont rétablis. Dr. Sawyers, du conseil médical, a guéri un poney atteint de la même manière.

Les Drs Esdaile et Macrae ont utilisé le chanvre avec succès ; le premier dans un cas de tétanos ; ce dernier dans une de convulsions par névralgie du testicule, qui avait résisté à tout autre remède, et pour laquelle l'ablation de l'organe avait été décidée. Dans la « London Medical Gazette », M. Lewis donne un cas de tétanos dans lequel le chanvre a été utilisé avec un grand soulagement des symptômes, bien qu'il n'ait pas permis de guérir.

Cas de convulsions infantiles.

Un cas très intéressant de cette maladie s'est produit récemment dans mon cabinet privé, dont j'ai la permission de la famille d'insérer les détails dans cet article.

Une petite fille de quarante jours, l'enfant de M. et Mme JL, de Calcutta, eut le 10 septembre une légère crise de convulsions, qui réapparut principalement la nuit pendant environ quinze jours, et pour laquelle les purgatifs habituels : des bains chauds et quelques doses de calomel et de craie furent administrés sans effet. Le 23, les accès convulsifs devinrent très violents, et les intestins étant peu dérangés, deux sangsues furent appliquées sur la tête. On eut recours alternativement aux sangsues, aux purgatifs et aux opiacés, et sans le moindre bénéfice, jusqu'au 30 septembre.

Ce jour-là, les crises étaient presque incessantes et s'apparentaient à de réguliers paroxysmes tétaniques. L'enfant avait en outre complètement perdu l'appétit et émaciait rapidement. [5]

J'avais alors épuisé toutes les méthodes de traitement habituelles et l'enfant était apparemment dans un état de naufrage.

Dans ces circonstances, j'ai exposé aux parents les résultats des expériences que j'avais faites avec le chanvre et ma conviction que cela soulagerait leur enfant si un soulagement pouvait être obtenu.

Ils consentirent volontiers à l'essai, et une seule goutte de teinture spiritueuse, égale à la vingtième partie d'un grain d'extrait, fut placée sur la langue de l'enfant à dix heures du soir. Aucun effet immédiat ne fut perceptible, et au bout d'une heure et deux autres gouttes ont été administrées. Le bébé s'est endormi en quelques minutes et a dormi profondément jusqu'à 16 heures, lorsqu'il s'est réveillé, a crié pour avoir de la nourriture, *a pris le sein* et s'est rendormi. Le 1er octobre, à neuf heures, je trouvai l'enfant presque endormi, mais facile à réveiller ; le pouls, le visage et la peau parfaitement naturels. Dans cet état de somnolence, elle resta pendant quatre jours totalement exempte de symptômes convulsifs sous quelque forme que ce soit. Pendant ce temps, les intestins étaient fréquemment soulagés spontanément et l'appétit revenait à son degré naturel.

4 octobre. A une heure et demie, les convulsions revinrent et continuèrent à intervalles pendant la journée ; cinq gouttes de teinture ont été administrées toutes les heures. Jusqu'à minuit, il y eut trente crises et quarante-quatre gouttes de teinture de chanvre furent administrées sans effet.

5. Les paroxysmes ont continué pendant la nuit. A onze heures, on constata que la teinture utilisée les jours précédents avait été conservée par le domestique dans une petite bouteille à bouchon de papier ; que l'alcool s'était évaporé et que toute la résine s'était déposée sur les parois de la fiole. Le nourrisson avait en fait pris de simples gouttes d'eau la veille.

Une nouvelle préparation fut administrée en trois gouttes les 5 et 6, et augmentée à huit gouttes avec pour effet de diminuer la violence, sans toutefois empêcher le retour du paroxysme.

Le 7, j'ai rencontré le Dr. Nicholson en consultation, et désespérant d'une guérison par le chanvre, il fut convenu d'en suspendre l'usage, d'appliquer un cataplasme de moutarde sur l'épigastre et de donner une dose d'huile de ricin et de térébenthine. Cependant l'enfant s'aggrava rapidement, et à deux heures de l'après-midi, un spasme tétanique survint, qui dura sans interruption jusqu'à six heures et demie de l'après-midi. On essaya un bain froid sans solution du spasme ; on recourut donc de nouveau au chanvre, et on donna immédiatement une dose de trente gouttes, égale à un grain et demi de résine.

Aussitôt après l'administration de cette dose, les membres se détendirent, le petit malade s'endormit presque, et cela dura treize heures. Pendant son sommeil, elle était visiblement sous l'influence particulière de la drogue.

Le 8 octobre, à quatre heures du matin, il y eut une crise sévère, et de cette heure jusqu'à dix heures du soir, vingt-cinq crises se produisirent, et 130 gouttes de teinture furent administrées en trente gouttes. Il s'agissait désormais manifestement d'une lutte entre le mal et le remède ; mais à dix heures du soir, elle fut de nouveau anesthésiée , et à partir de cette heure aucune crise ne revint.

Les trois jours suivants, il y eut des râles considérables et, après l'administration de fortes doses d'huile d'amande, plusieurs petits morceaux vert foncé de résine de chanvre furent évacués, ce qui provoqua un soulagement efficace. L'enfant jouit maintenant (17 décembre) d'une santé robuste et a retrouvé son apparence naturelle, rebondie et heureuse.

En examinant ce cas, plusieurs circonstances très remarquables se présentent. On trouve d' abord trois gouttes, ou trois vingtièmes de grain, qui provoquent un profond narcotisme, puis il faut 130 gouttes par jour pour produire le même effet. C'est sans doute avant tout la gravité des symptômes qui doit être prise en compte pour expliquer cette circonstance. Il était trop tôt pour que l'habitude prenne le dessus sur les pouvoirs narcotiques de la drogue. Si jamais la maladie récidive, il sera très intéressant de noter la quantité de teinture nécessaire pour apporter un soulagement. Le lecteur se souviendra que cet enfant n'avait que soixante jours lorsque 130 gouttes furent administrées en un jour, de la même préparation dont dix gouttes avaient enivré l'étudiant Dinonath . Dhur , qui a pris le médicament à des fins expérimentales.

Utiliser dans le Delirium Tremens.

J'ai fait un essai approfondi de la teinture de chanvre dans cette maladie, et j'ai eu de nombreuses raisons d'être satisfait de ses effets. Son action ressemble à celle de l'opium et du vin, mais elle est beaucoup plus sûre que ces remèdes. Je n'hésite pas à dire que dans les cas où le traitement à l'opium est applicable, le chanvre se révélera bien plus efficace. Le changement d'état d'esprit qu'il produit est vraiment merveilleux. De la terreur épouvantable qui prédomine généralement, le malade passe bientôt à un état de gaieté, souvent de gaieté bruyante, et sombre bientôt dans un sommeil heureux. Bien entendu, il existe de nombreux cas dans lesquels ce stupéfiant, ou tout autre stupéfiant, ne devrait pas être employé.

Délire causé par une ivresse continue au chanvre.

Avant de quitter ce sujet, il convient de remarquer la forme singulière de délire qu'occasionne souvent l'usage imprudent des préparations à base de chanvre, surtout chez les jeunes gens qui l'essaient pour la première fois. Plusieurs cas de ce genre se sont présentés à mon avis. Ils sont aussi particuliers que le « delirium tremens » qui succède à l'abus prolongé de boissons spiritueuses, mais ils sont tout à fait distincts de toutes les autres espèces de délire que je connais.

reconnaît immédiatement à la démarche étrangement équilibrée du patient, à un frottement constant des mains, à des rires perpétuels et à une propension à caresser et à frotter les pieds de tous les spectateurs, quel que soit leur rang. L'œil a une expression de ruse et de gaieté qui ne peut guère être confondue. Dans quelques cas, les patients sont violents ; dans beaucoup, hautement aphrodisiaque ; dans tout ce que j'ai vu, voracement affamé. Il n'y a pas d'augmentation de la chaleur ou de la fréquence de la circulation, ni aucune apparition d'inflammation ou de congestion, et la peau et les fonctions générales sont dans un état naturel.

Une ampoule à la nuque, des sangsues aux tempes et des doses nauséabondes de tartre émétique avec des purgatifs salins ont rapidement dissipé les symptômes dans tous les cas que j'ai rencontrés et ont rendu au malade une santé parfaite.

Conclusion.

Les cas précédents constituent un résumé de mon expérience à ce sujet et constituent le fondement de ma conviction que la profession a acquis dans le chanvre un remède anticonvulsif de la plus grande valeur. Ayant cette conviction, qu'elle soit vraie ou fausse, je crois qu'il est de mon devoir de la publier sans délai évitable, afin que l'essai le plus étendu et le plus rapide puisse être donné au remède proposé. Je répète ce que j'ai déjà dit dans un article précédent : si la simple réputation était mon objectif, je laisserais passer les années et les centaines de cas s'accumuleraient avant la publication ; et en publiant, j'entrais dans toutes sortes de détails élaborés. Mais l'objet que je me propose dans ces recherches est d'un tout autre genre. Rassembler quelques faits forts, constater les limites qu'on ne peut franchir sans danger, puis les signaler à la profession, les laisser poursuivre et décider du sujet de discussion, telle me semble la manière la plus appropriée de tenter explorer les ressources médicinales qu'un remède non essayé peut offrir.

Il peut être utile d'ajouter une formule pour réaliser les préparations que j'ai employées.

L' *extrait résineux* est préparé en faisant bouillir les sommets riches et adhésifs du *gunjah séché*, dans de l'alcool (sp. gr. 835), jusqu'à ce que toute la résine soit dissoute. La teinture ainsi obtenue est évaporée à sec par distillation ou dans un récipient placé sur une casserole d'eau bouillante. L'extrait se ramollit à une chaleur douce et peut être transformé en pilules sans aucun ajout.

La *teinture* est préparée en dissolvant l'extrait dans de l'alcool de densité 835°.

Doses, etc. — Dans *le tétanos*, une drachme de teinture toutes les demi-heures jusqu'à ce que les accès cessent ou jusqu'à ce que la catalepsie ou le narcotisme soit provoqué. En *hydrophobie*, je recommande la résine en pilules molles, à raison de dix à vingt grains à mâcher par le patient, et répétés selon l'effet. Dans *le choléra*, on trouvera souvent trente gouttes de teinture toutes les demi-heures pour arrêter les vomissements et les purges et ramener la chaleur à la surface. Mon expérience ici m'amènerait à préférer *de petites* doses du remède afin d'exciter plutôt que d'anesthésier le patient.

Je n'ai qu'à ajouter que depuis que le contenu du mémoire précédent a été publié pour la première fois, de nombreux cas sont parvenus à ma connaissance dans lesquels le *churrus* , ou résine préparée par les indigènes pour être fumé, a été utilisé avec peu d'effet. Ce fut le cas dans certaines expériences réalisées par le Dr. Pereira avec *du churrus* que je lui ai envoyé moi-même. L'âge et la falsification ont probablement tous deux contribué à rendre cette substance inactive. Mais avec l'extrait alcoolique fabriqué à partir des sommités de la manière que je préconise, le praticien n'a qu'à tâtonner, et à augmenter la dose jusqu'à produire une ivresse comme le test du remède ayant fait effet.

De tous les stupéfiants puissants, c'est le plus sûr à utiliser avec audace et décision.

J'ai donné à M. Squire, d'Oxford-street, une grande quantité de gunjah , et ce monsieur m'a gentiment promis de mettre une quantité suffisante de l'extrait à la disposition de tout médecin ou chirurgien hospitalier qui souhaiterait employer le remède. . Mon objectif est de le faire tester de manière approfondie et exacte sans faveur ni préjugé, car l'expérience de quatre années a établi dans mon esprit la conviction que nous ne possédons aucun remède égal à celui-ci en termes de puissance anti-convulsive et anti-névralgique.

(*Date de réimpression*) Londres, janvier 1843.

NOTES DE BAS DE PAGE :

[1] Pour de très beaux spécimens de *churrus* , je dois exprimer mes remerciements au Dr. Campbell, défunt résident politique à Nipal .

[2] Par ce terme, on entend probablement le premier de la dynastie sassanide, à qui l'épithète de « Khusrow » ou Cosroes , équivalente à Kàiser , Cæsar , ou Tsar, a été appliquée au cours de nombreuses générations . Cette dynastie dura de 202 à 636 APRÈS J.-C. — *Voir la note 50 de la Traduction des mille et une nuits de Lane* , *vol.* ii. p. 226.

[3] Manuel de médecine et de pharmacie . Botanique , par F. Ness von Esenbeck et Dr. Carl Ebermaier , vol. je , p. 338.

[4] Bien que j'aie observé aucun effet de deux drachmes de résine de chanvre administrées à un cheval, MM. Hughes et Templar, de Calcutta, ont depuis guéri quatre chevaux du tétanos traumatique en leur administrant des doses d'une demi-pinte de teinture . S. _

[5] La nourrice, j'aurais dû le mentionner, fut changée au début de la maladie, et on eut recours au changement d'air sur la rivière, mais en vain.

CHANVRE INDIEN.

MESSIEURS , — En référence à mon article sur le chanvre indien, récemment inséré dans votre Journal, j'espère qu'il me sera permis de décliner tout souhait de faire progresser ces préparations comme spécifiques dans le traitement du tétanos ou des maladies spasmodiques en général. Que le chanvre possède un pouvoir anticonvulsif grand, voire extraordinaire, j'en suis assuré par de nombreux faits que j'ai moi-même observés et dont d'autres ont également été témoins. Les cas des six chevaux atteints de tétanos traumatique, rapportés dans mon journal, dont quatre guéris, suffisent presque à eux seuls à convaincre toute personne sans préjugés de l'énergie et des promesses de ce médicament.

De nombreux échecs sont à prévoir au début, de la prudence salutaire que tout bon praticien doit observer aux doses d'un remède avec lequel il n'est pratiquement pas familier. Sur ce point, je dois encore noter que dans un cas de tétanos traumatique, actuellement en traitement, quinze doses de grains de résine ont été administrées toutes les deux ou trois heures, et de ces doses cinq prises avant l'anesthésie.

Dans les cas de tétanos, je considère qu'aucun essai sur le médicament n'est concluant, à moins qu'il n'ait été poussé jusqu'à provoquer la stupeur et l'insensibilité.

Les commentateurs de mon article ont attaché trop d'importance à l'apparition de *la catalepsie* en tant qu'effet de ce médicament ; la catalepsie dont j'ai été témoin sans équivoque dans de nombreux cas, mais l'effet n'est pas universel ; Je l'ai vu produit par dix gouttes de teinture et par un grain de résine. Mais, d'un autre côté, j'ai donné cinquante grains en un jour à un tétanique sans qu'un tel effet soit observable.

Il semble tout à fait évident, d'après les expériences faites par M. Ley et le Dr. Pereira, que des doses beaucoup plus élevées doivent être utilisées dans ce pays que celles que nous avons trouvées suffisantes en Inde. La cause en est peut-être attribuée à des modifications chimiques moléculaires qui se produisent avec l'âge dans les constituants du médicament et qui sont analogues à celles que connaît la profession dans le cas de la pruche et de son principe actif.

La teinture, faite en dissolvant l'extrait dans l'alcool, je considère la meilleure forme de médicament pour l'usage dans les cas tétaniques, ou la résine peut être transformée en émulsion, par trituration avec un peu de farine, du carbonate de soude et du mucilage. La soude a tendance à dissoudre la résine et son utilisation est conforme aux préceptes des anciens écrivains orientaux, qui prescrivaient le chanvre avec des substances alcalines et utilisaient des acides sous diverses formes (comme l'oxymel et le vin d'oseille) pour contrecarrer ses effets lorsqu'ils sont pris. en cas de surdose.

En conclusion, j'ose me référer aux cas très intéressants récemment publiés par M. Ley, dans le Provincial Medical Journal. Un autre mémoire de la même plume compétente paraîtra bientôt, je crois, et fournira de nombreuses preuves de la valeur thérapeutique de cet agent. M. Ley m'informe qu'il n'a aucun doute sur le pouvoir *anticonvulsif* du chanvre. C'est le résultat formidable et précieux à rechercher ; tout le reste n'a comparativement que peu d'importance. Sur certains points mineurs, les résultats de M. Ley diffèrent des miens. Cela ne doit être considéré que comme une preuve de l'exactitude de ses observations, qu'il enregistre fidèlement ce qu'il voit et ne marche pas simplement sur les traces d'un autre.

Je suis, Messieurs,
votre fidèle serviteur,
WB O'SHAUGHNESSY , MD

Londres, 8 février 1843.

PS — Je me permettrais d'inviter les expérimentateurs à répéter sur la résine de chanvre les procédés de préparation de la conia et de la nicotine , à savoir par distillation avec de la potasse caustique ou de la soude et de l'eau, en recevant le liquide distillé dans de l'acide dilué, et en le redistillant avec un excès d'alcali, comme auparavant. Mon départ de l'Inde a interféré avec mon essai de ce processus, et je pense qu'il est susceptible de conduire à des résultats précieux.

www.ingramcontent.com/pod-product-compliance
Lightning Source LLC
Chambersburg PA
CBHW051409130726
47987CB00007B/2925